this book belongs to

Aa

Trace and write the capital letter **A**.
Start at the big red dot.

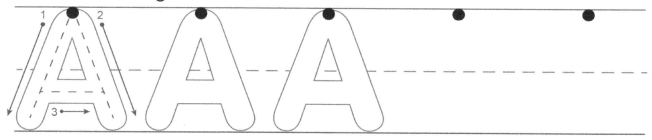

Trace and write the lowercase letter **a**.
Start at the big red dot.

Trace the **A** and the **a** to complete
each word.

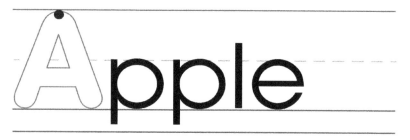pple

lligator

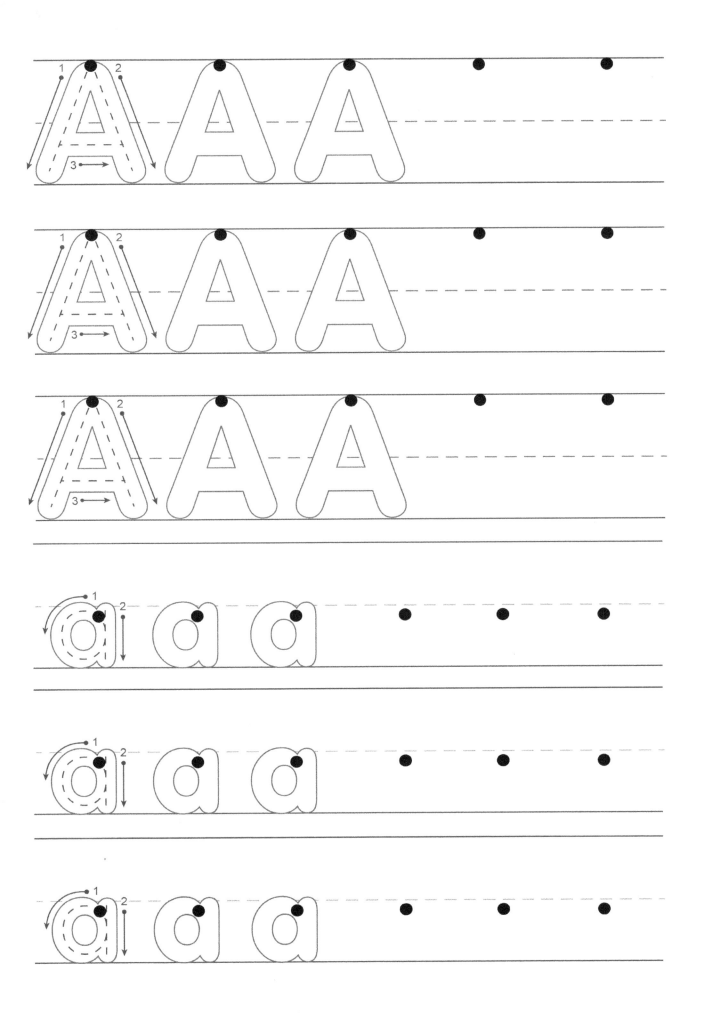

Bb

Trace and write the capital letter **B**.
Start at the big red dot.

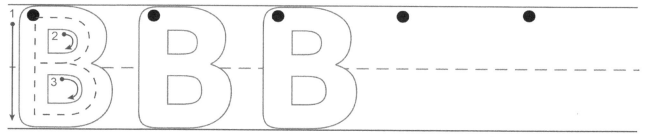

Trace and write the lowercase letter **b**.
Start at the big red dot.

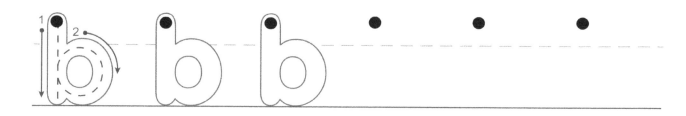

Trace the **B** and the **b** to complete
each word.

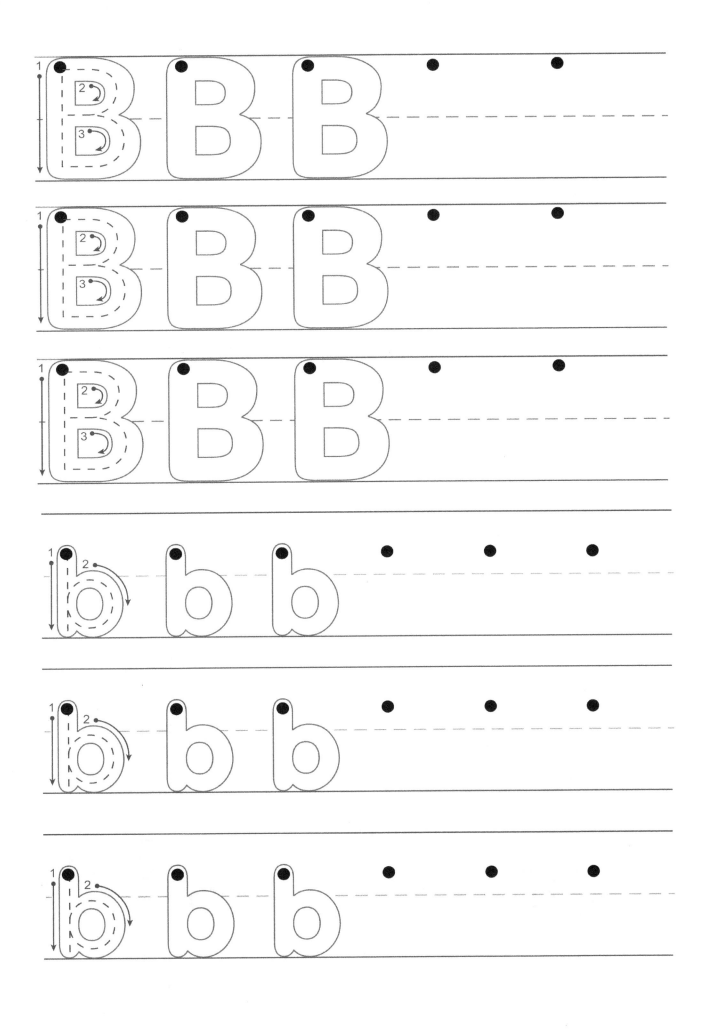

Trace and write the capital letter **C**.
Start at the big red dot.

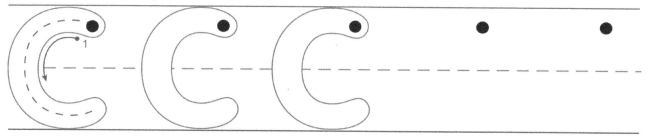

Trace and write the lowercase letter **c**.
Start at the big red dot.

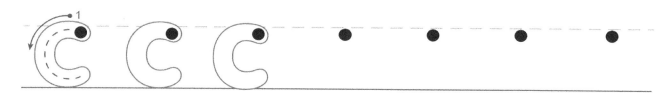

Trace the **C** and the **c** to complete each word.

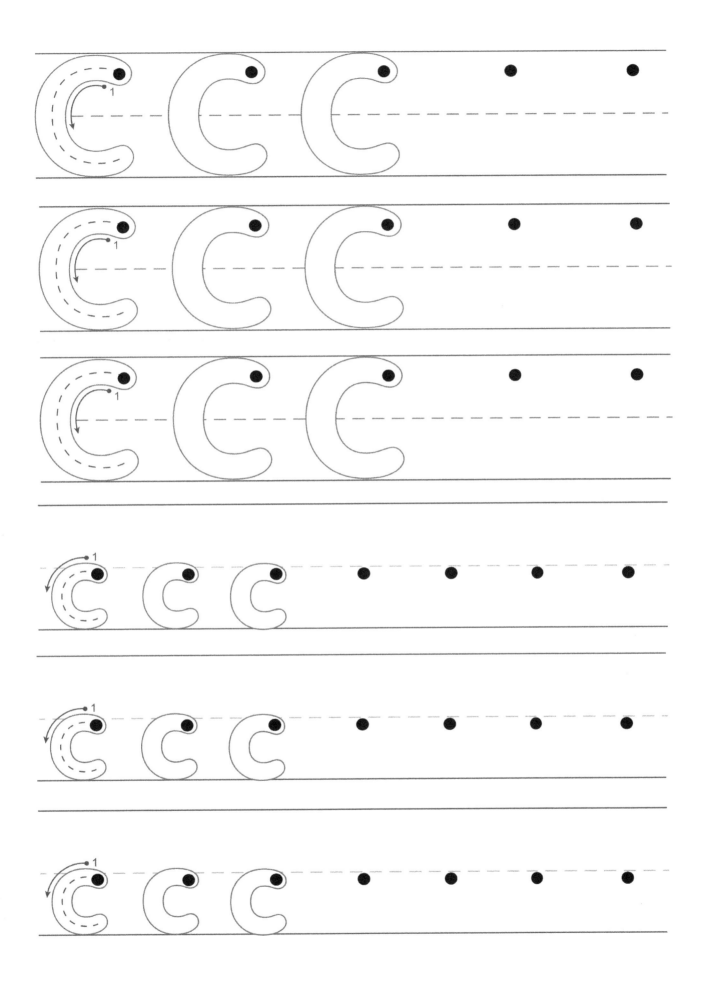

Dd

Trace and write the capital letter **D**.
Start at the big red dot.

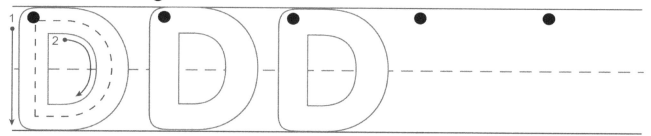

Trace and write the lowercase letter **d**.
Start at the big red dot.

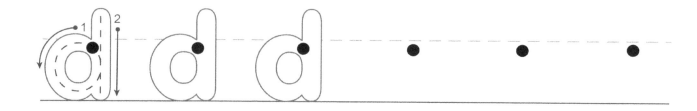

Trace the **D** and the **d** to complete each word.

Ducks

dolphin

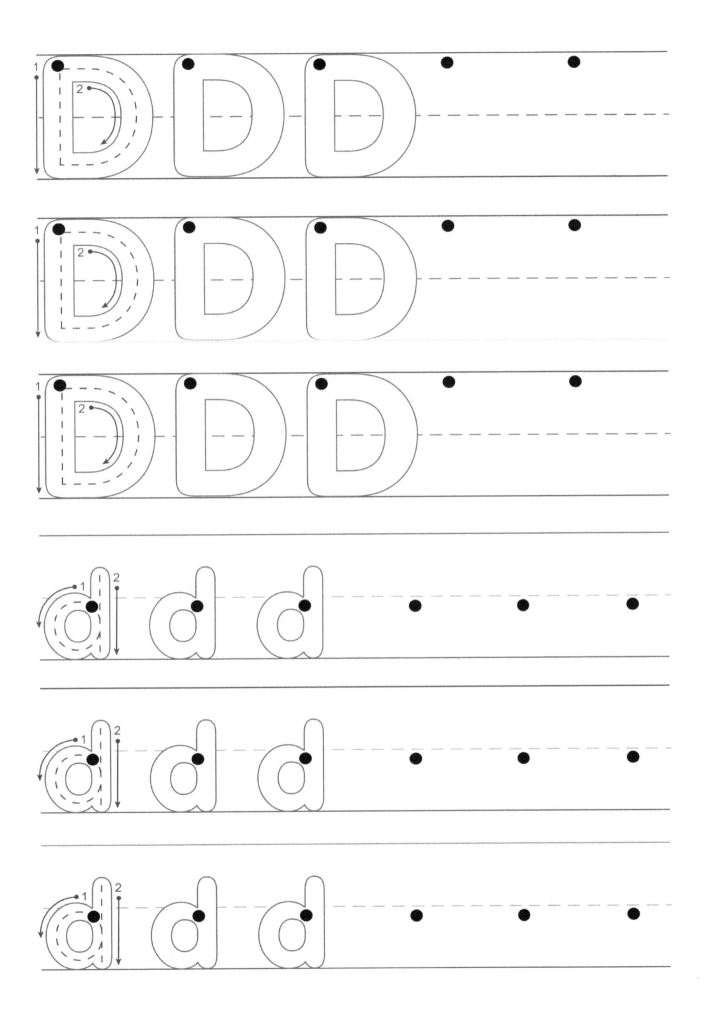

Ee

Trace and write the capital letter **E**.
Start at the big red dot.

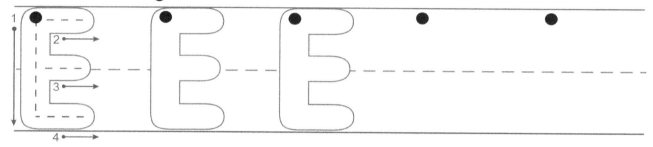

Trace and write the lowercase letter **e**.
Start at the big red dot.

Trace the **E** and the **e** to complete
each word.

Egg

elephant

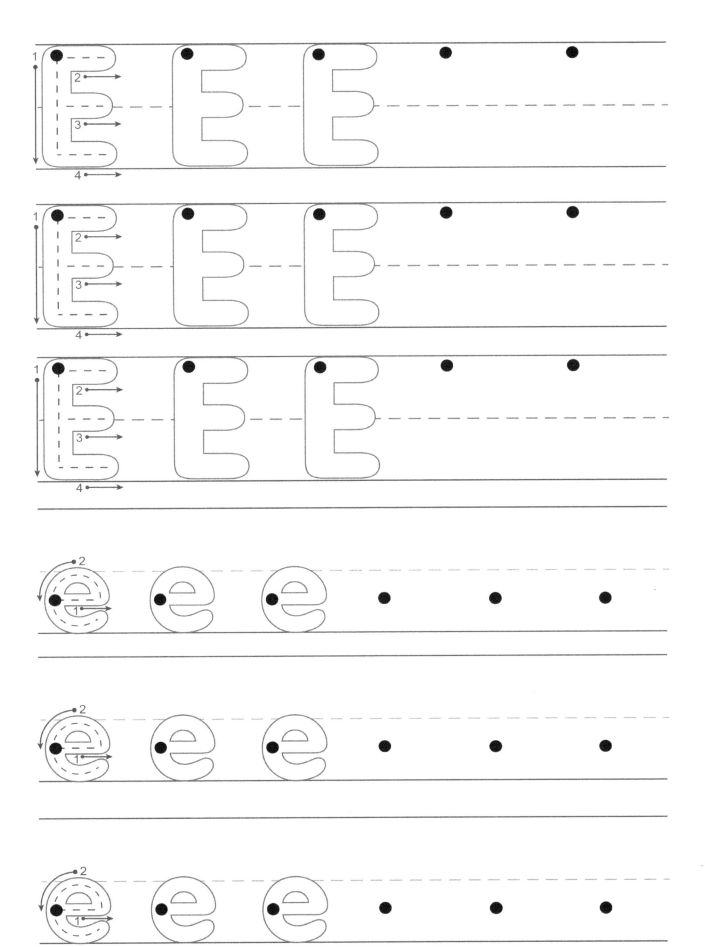

Ff

Trace and write the capital letter **F**.
Start at the big red dot.

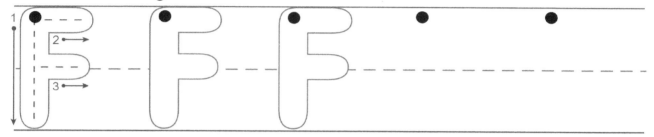

Trace and write the lowercase letter **f**.
Start at the big red dot.

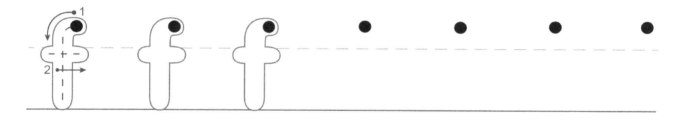

Trace the **F** and the **f** to complete
each word.

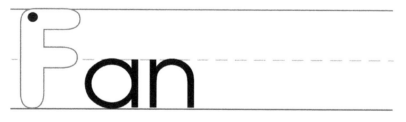

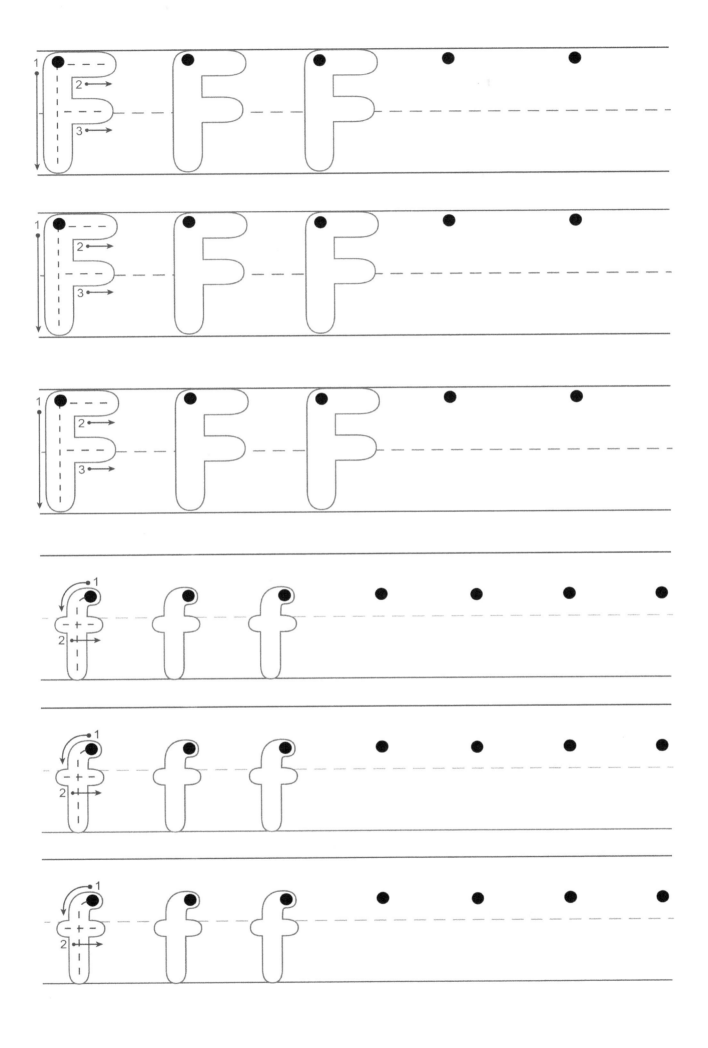

Gg

Trace and write the capital letter **G**.
Start at the big red dot.

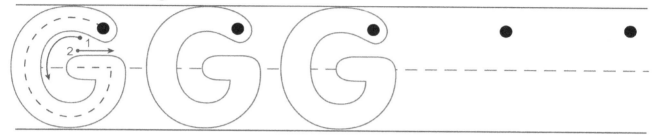

Trace and write the lowercase letter **g**.
Start at the big red dot.

Trace the **G** and the **g** to complete each word.

uitar

host

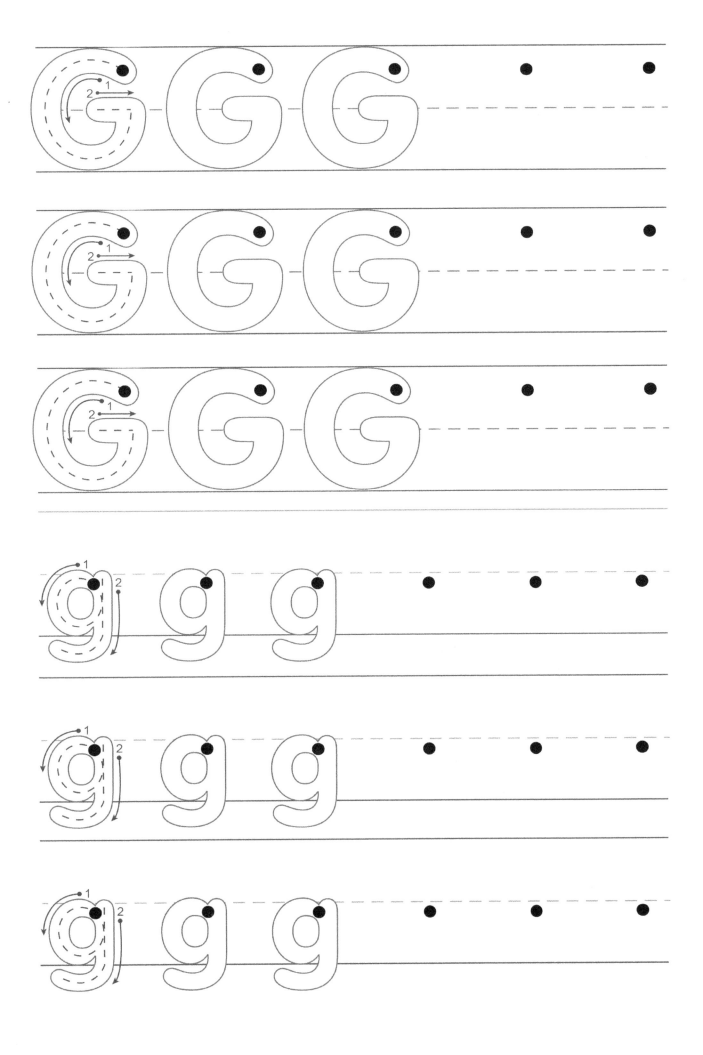

Hh

Trace and write the capital letter **H**.
Start at the big red dot.

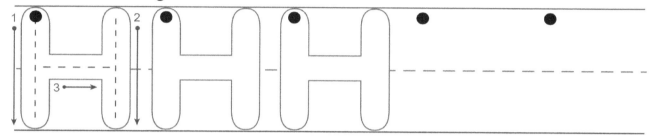

Trace and write the lowercase letter **h**.
Start at the big red dot.

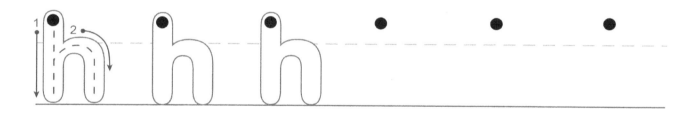

Trace the **H** and the **h** to complete
each word.

Hippo

helicopter

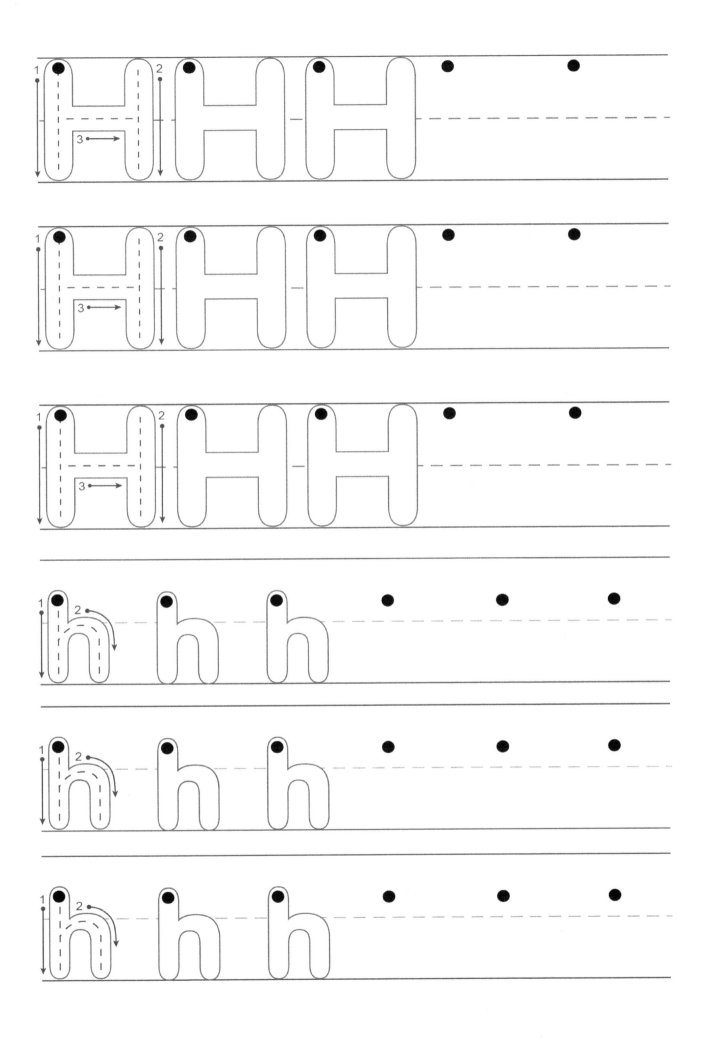

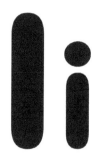

Trace and write the capital letter I.
Start at the big red dot.

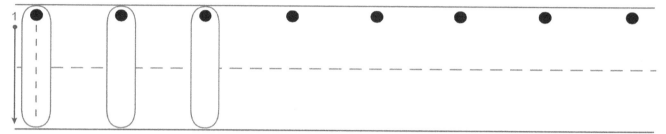

Trace and write the lowercase letter I.
Start at the big red dot.

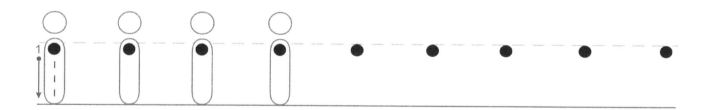

Trace the I and the I to complete
each word.

Iguana

inch

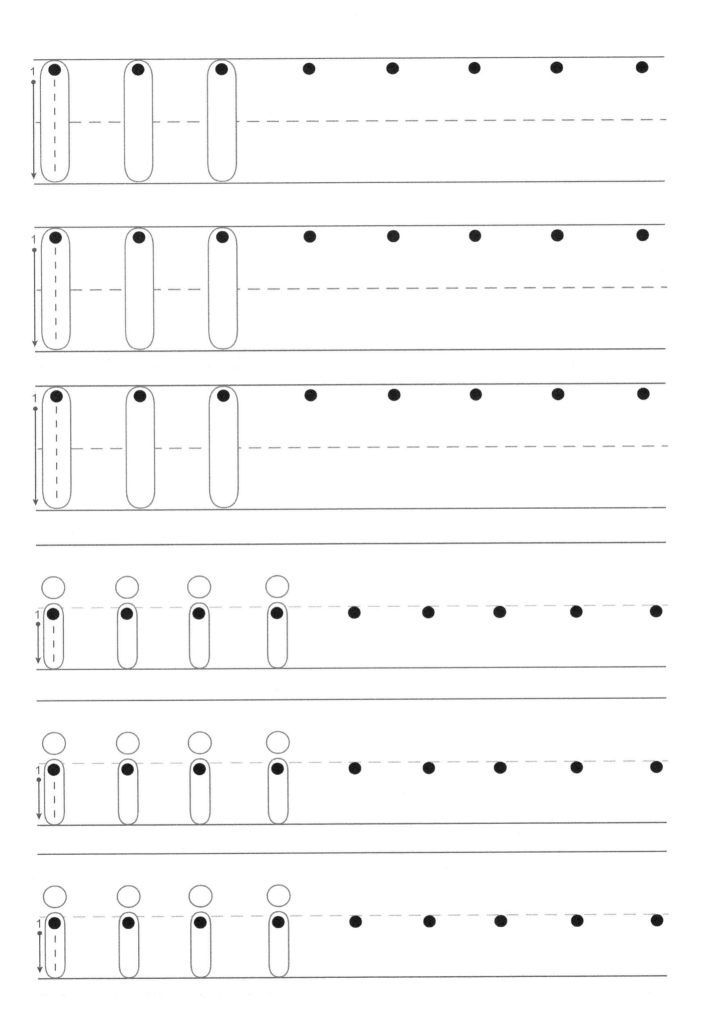

Jj

Trace and write the capital letter **J**.
Start at the big red dot.

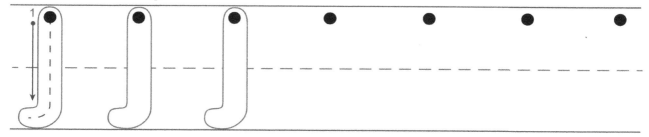

Trace and write the lowercase letter **j**.
Start at the big red dot.

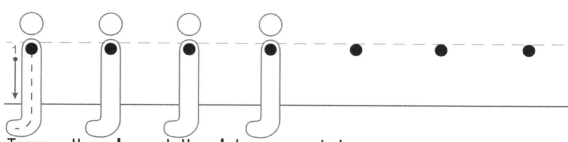

Trace the **J** and the **j** to complete
each word.

 ewelry

 ellyfish

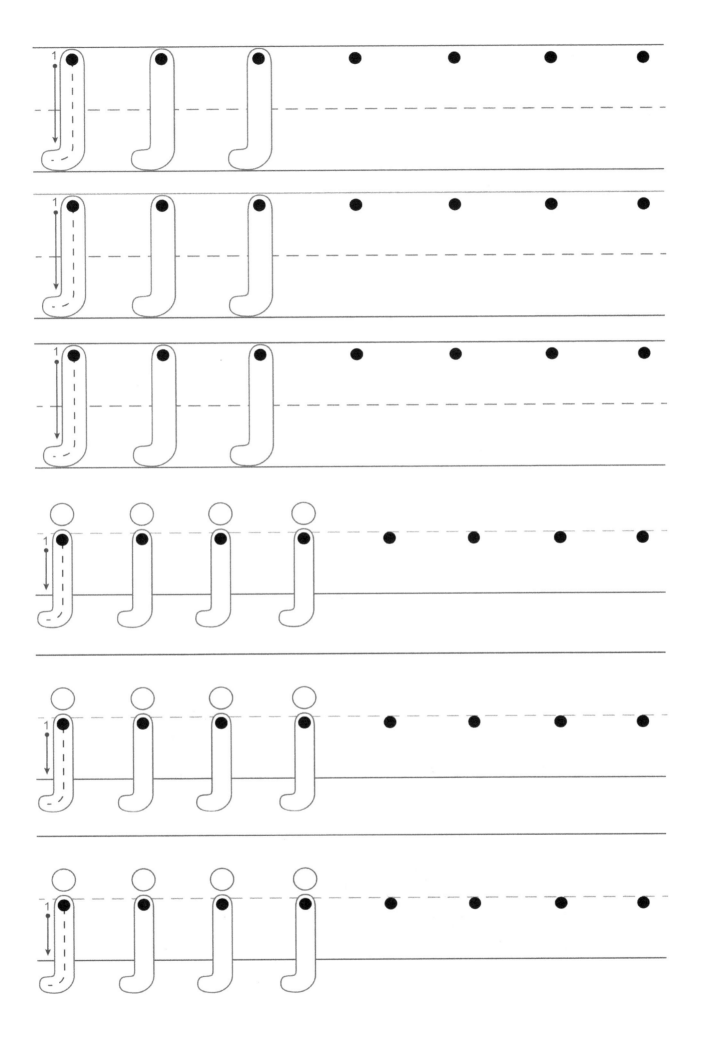

Kk

Trace and write the capital letter **K**.
Start at the big red dot.

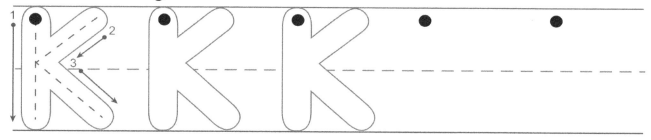

Trace and write the lowercase letter **k**.
Start at the big red dot.

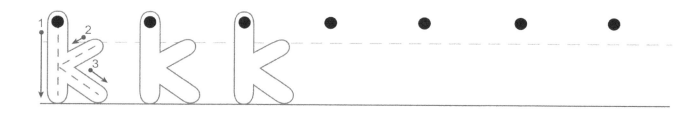

Trace the **K** and the **k** to complete
each word.

Kettle

kangaroo

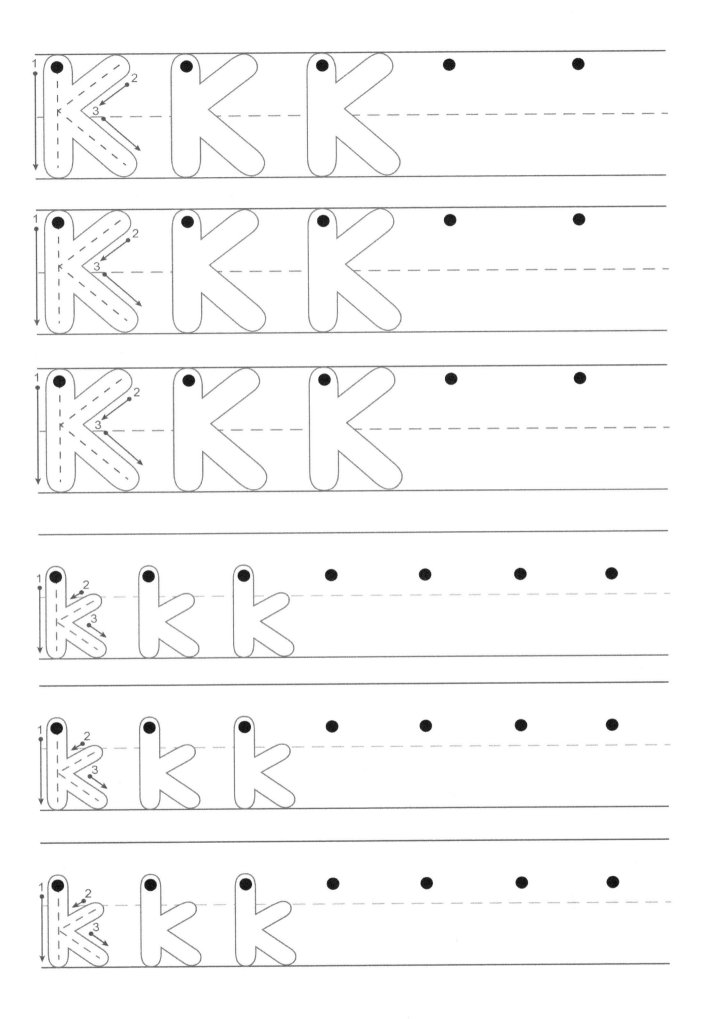

Ll

Trace and write the capital letter **L**.
Start at the big red dot.

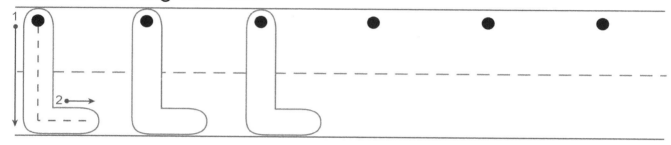

Trace and write the lowercase letter **l**.
Start at the big red dot.

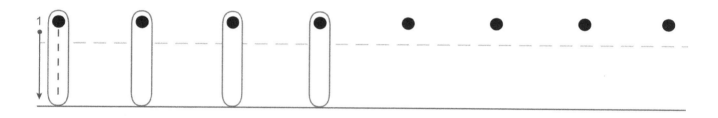

Trace the **L** and the **l** to complete
each word.

obster

ighthouse

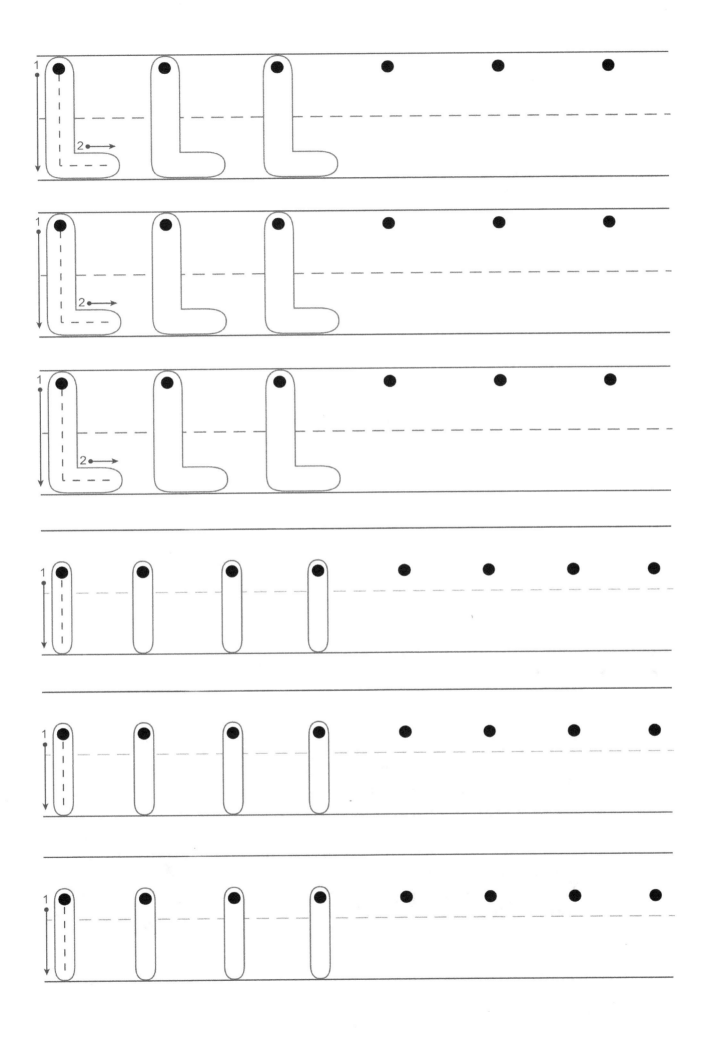

Trace and write the capital letter **M**.
Start at the big red dot.

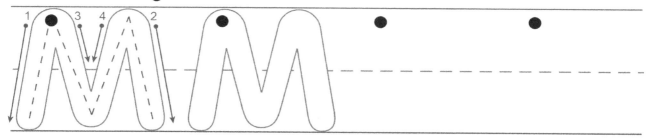

Trace and write the lowercase letter **m**.
Start at the big red dot.

Trace the **M** and the **m** to complete
each word.

ouse

agnet

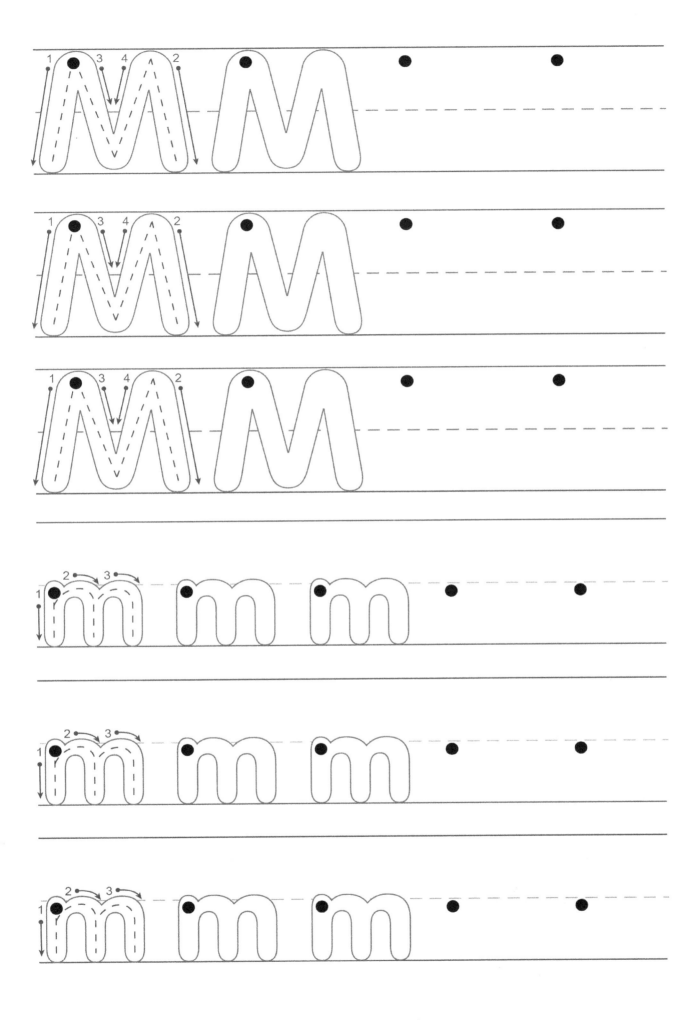

Nn

Trace and write the capital letter **N**.
Start at the big red dot.

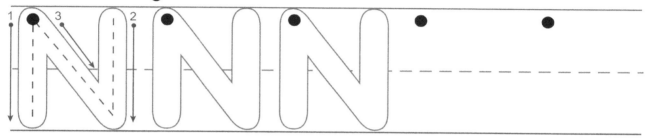

Trace and write the lowercase letter **n**.
Start at the big red dot.

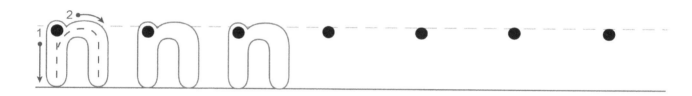

Trace the **N** and the **n** to complete
each word.

eedle

est

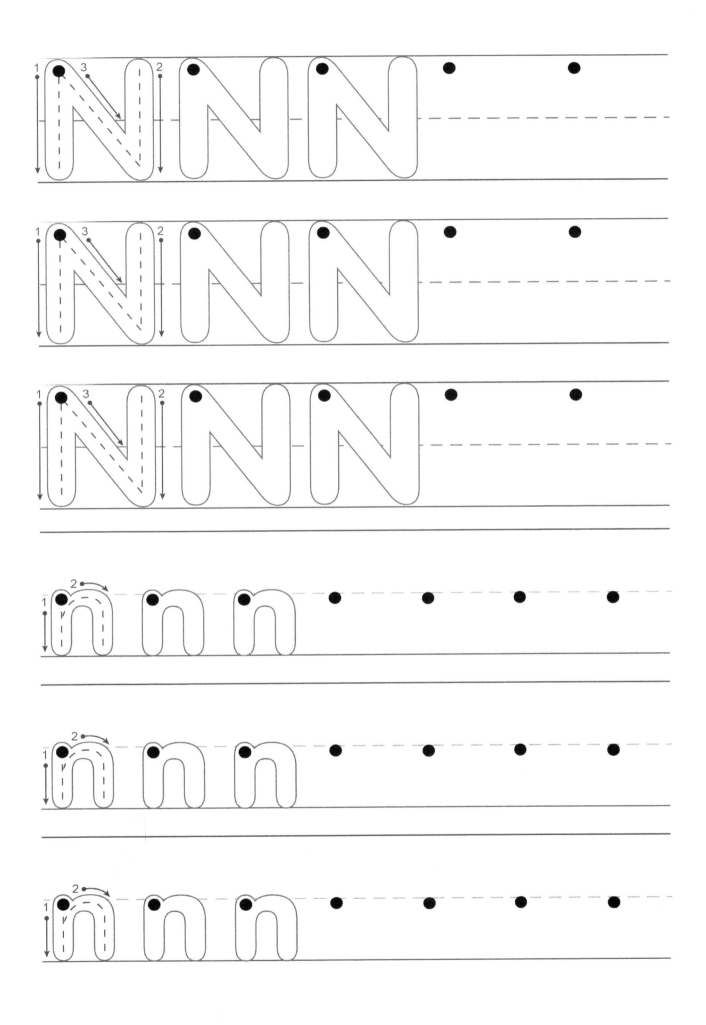

Trace and write the capital letter O.
Start at the big red dot.

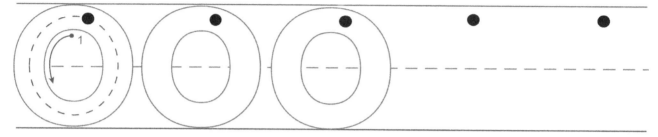

Trace and write the lowercase letter o.
Start at the big red dot.

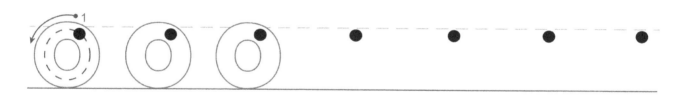

Trace the O and the o to complete
each word.

strich

ctopus

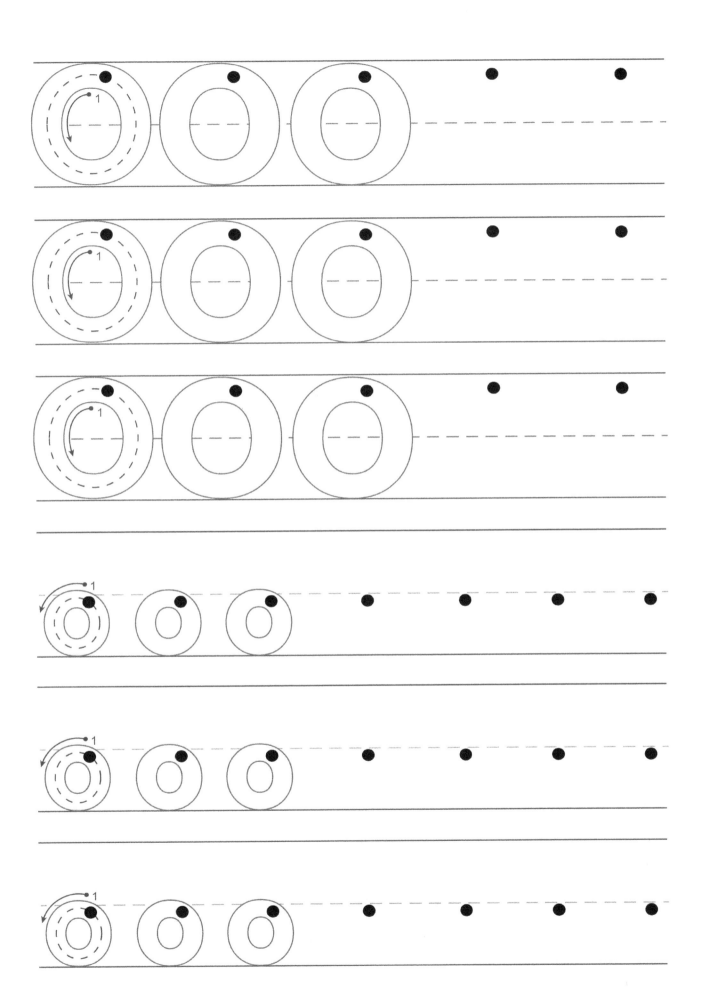

P p

Trace and write the capital letter **P**.
Start at the big red dot.

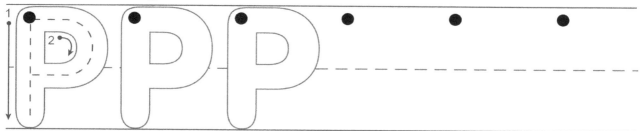

Trace and write the lowercase letter **p**.
Start at the big red dot.

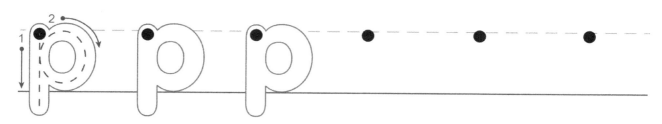

Trace the **P** and the **p** to complete
each word.

 Pig

 pumpkin

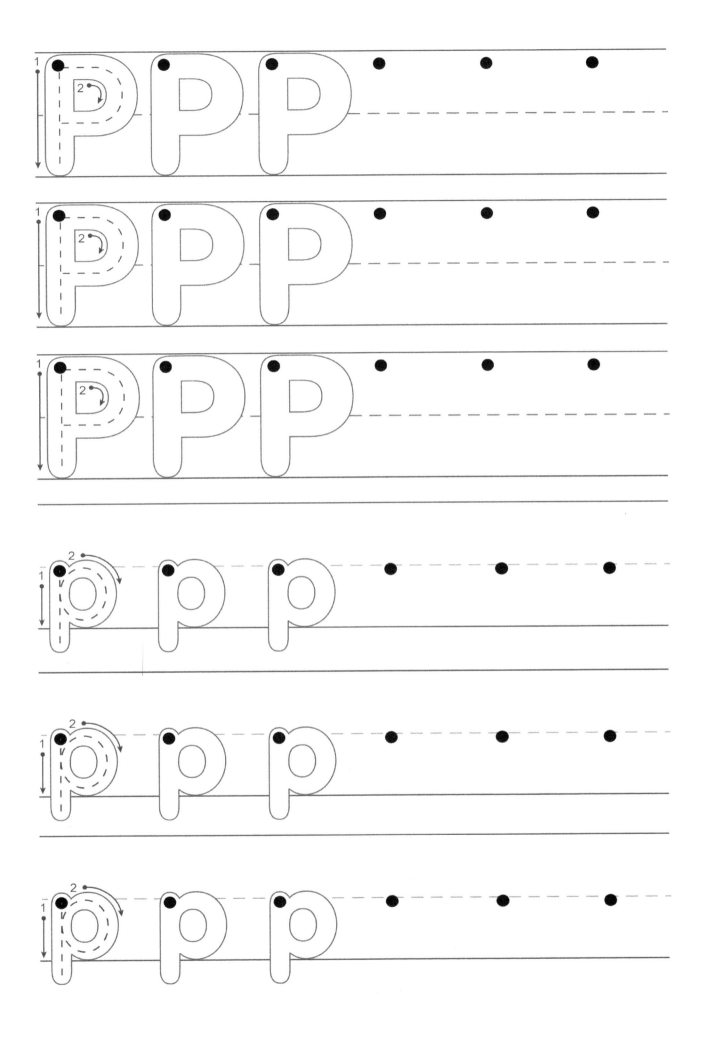

Trace and write the capital letter **Q**.
Start at the big red dot.

Trace and write the lowercase letter **q**.
Start at the big red dot.

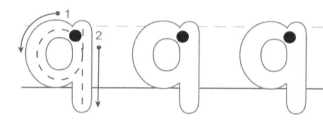

Trace the **Q** and the **q** to complete
each word.

Queen

quarter

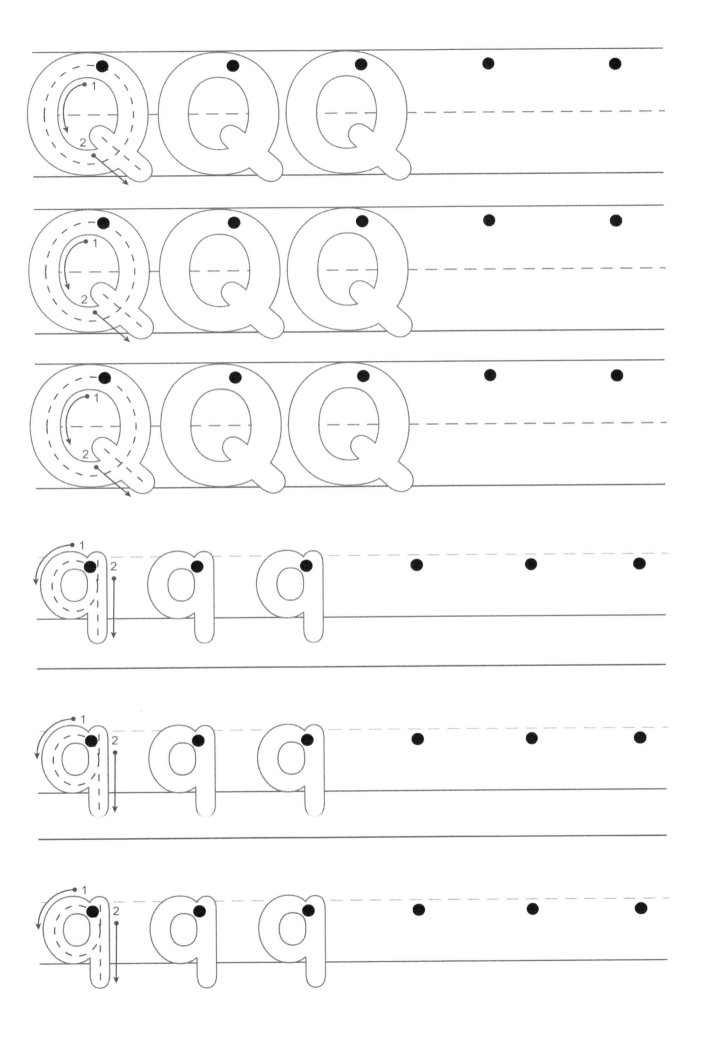

Rr

Trace and write the capital letter **R**.
Start at the big red dot.

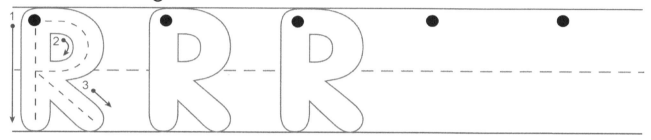

Trace and write the lowercase letter **r**.
Start at the big red dot.

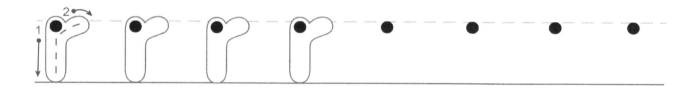

Trace the **R** and the **r** to complete each word.

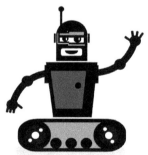

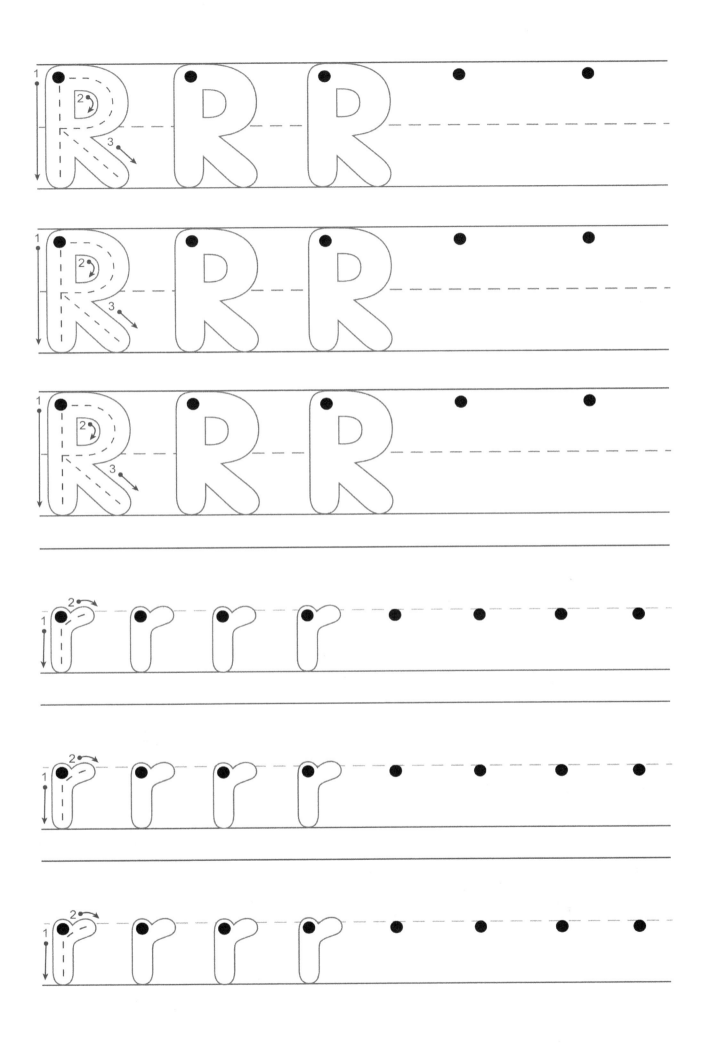

Ss

Trace and write the capital letter **S**.
Start at the big red dot.

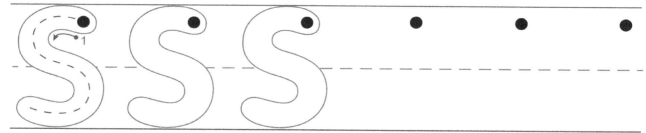

Trace and write the lowercase letter **s**.
Start at the big red dot.

Trace the **S** and the **s** to complete
each word.

Spider

snowman

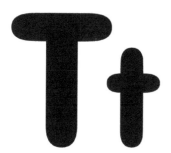

Tt

Trace and write the capital letter **T**.
Start at the big red dot.

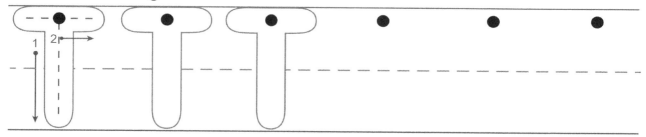

Trace and write the lowercase letter **t**.
Start at the big red dot.

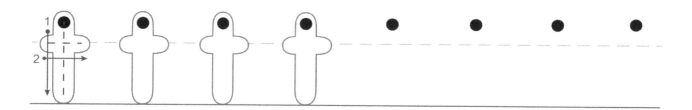

Trace the **T** and the **t** to complete
each word.

urkey

rain

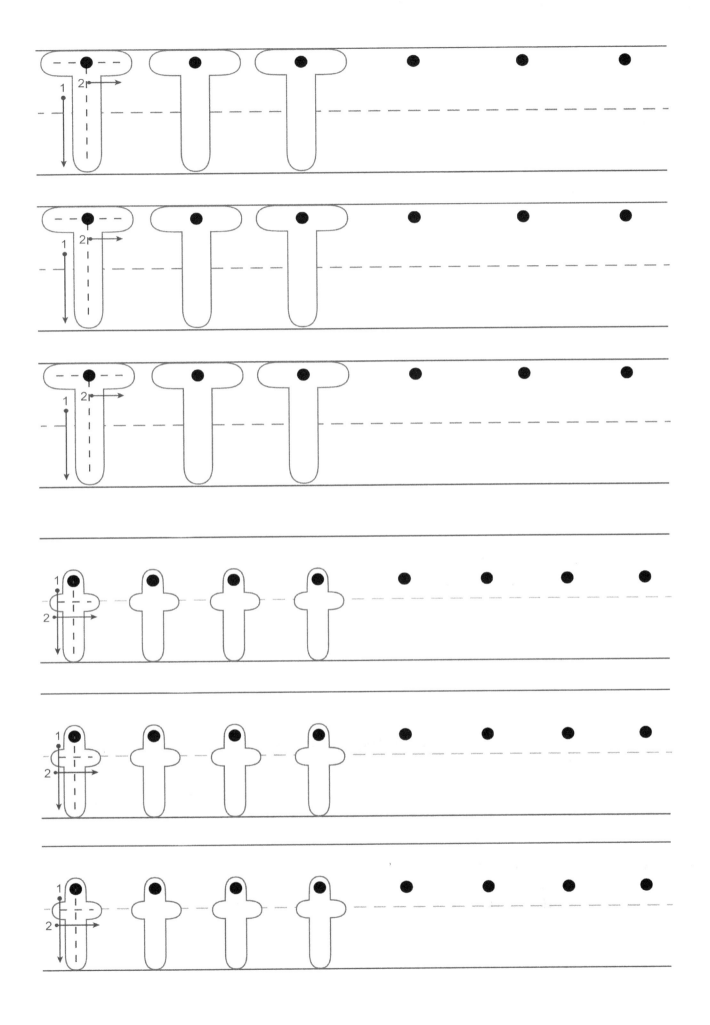

Uu

Trace and write the capital letter **U**.
Start at the big red dot.

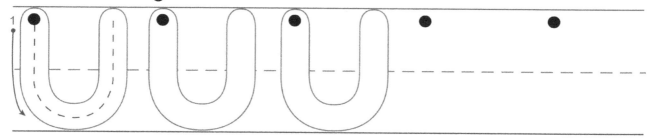

Trace and write the lowercase letter **u**.
Start at the big red dot.

Trace the **U** and the **u** to complete
each word.

Umbrella

sunny

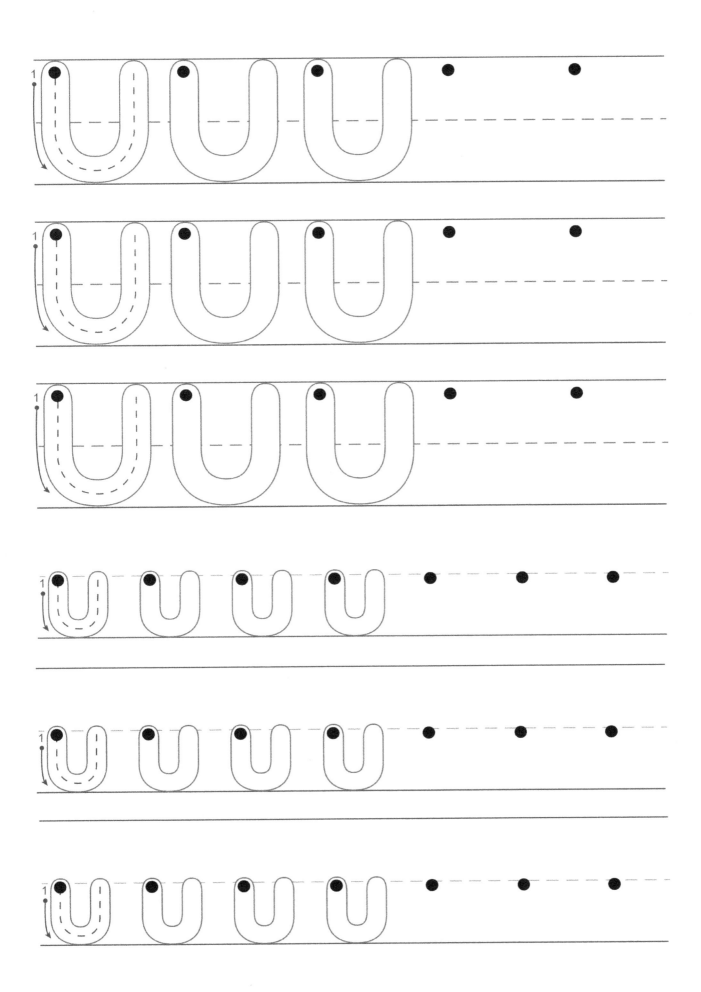

Vv

Trace and write the capital letter **V**.
Start at the big red dot.

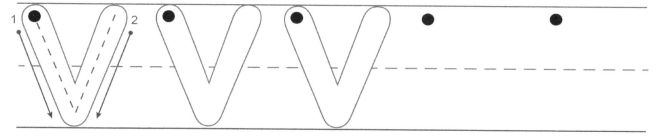

Trace and write the lowercase letter **v**.
Start at the big red dot.

Trace the **V** and the **v** to complete
each word.

Volcano

violin

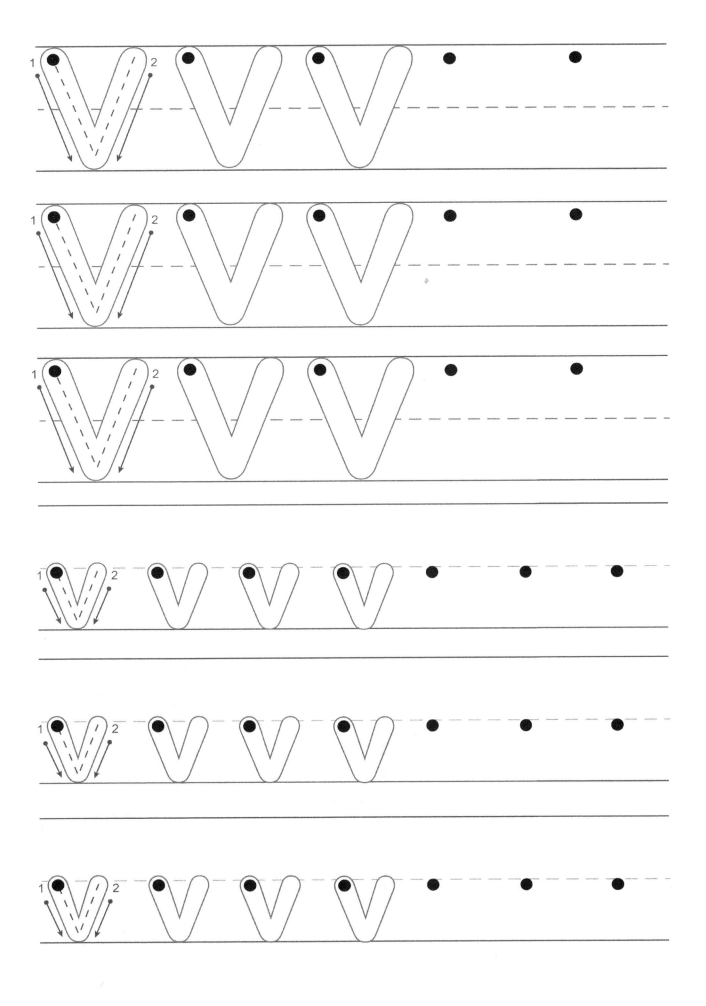

Ww

Trace and write the capital letter **W**.
Start at the big red dot.

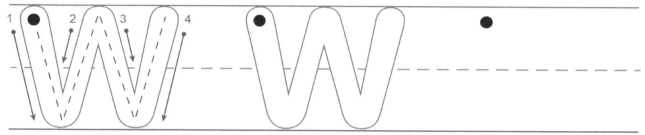

Trace and write the lowercase letter **w**.
Start at the big red dot.

Trace the **W** and the **w** to complete
each word.

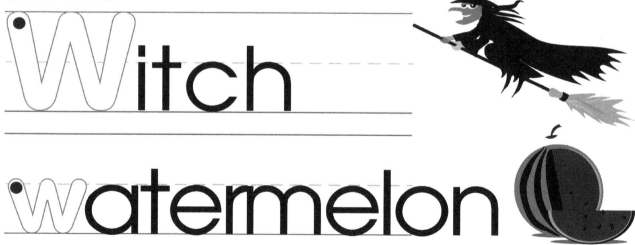

Witch

watermelon

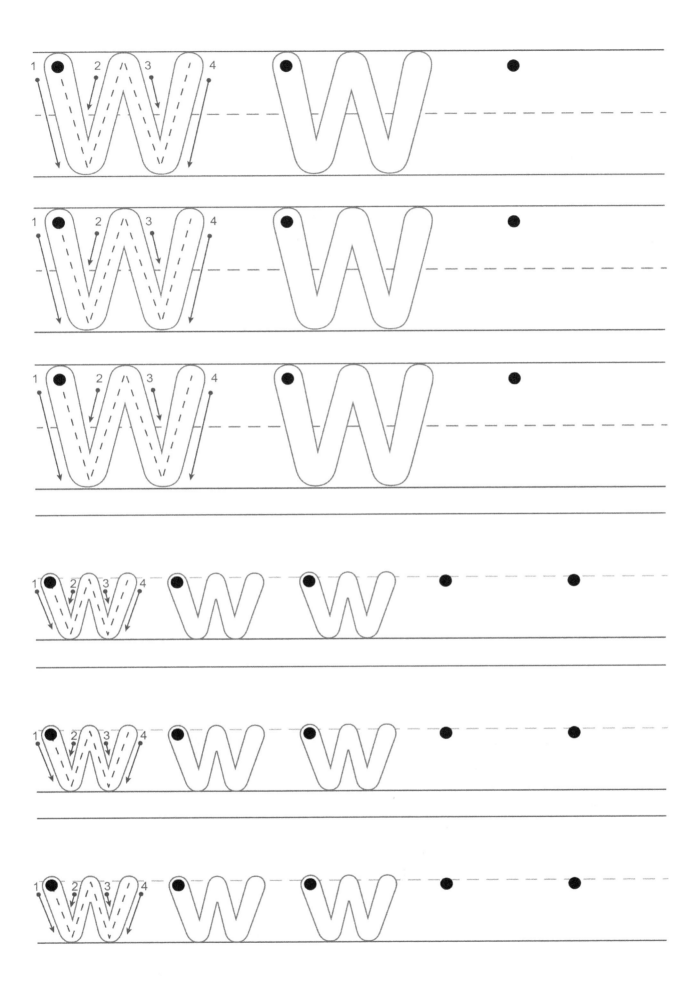

Trace and write the capital letter **X**.
Start at the big red dot.

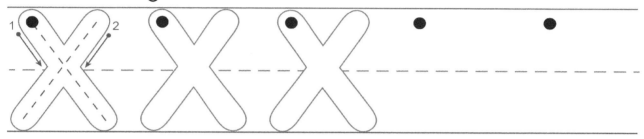

Trace and write the lowercase letter **x**.
Start at the big red dot.

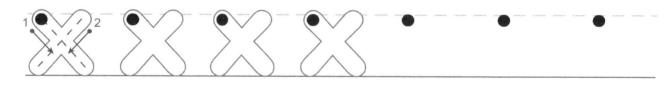

Trace the **X** and the **x** to complete
each word.

X-ray

postbox

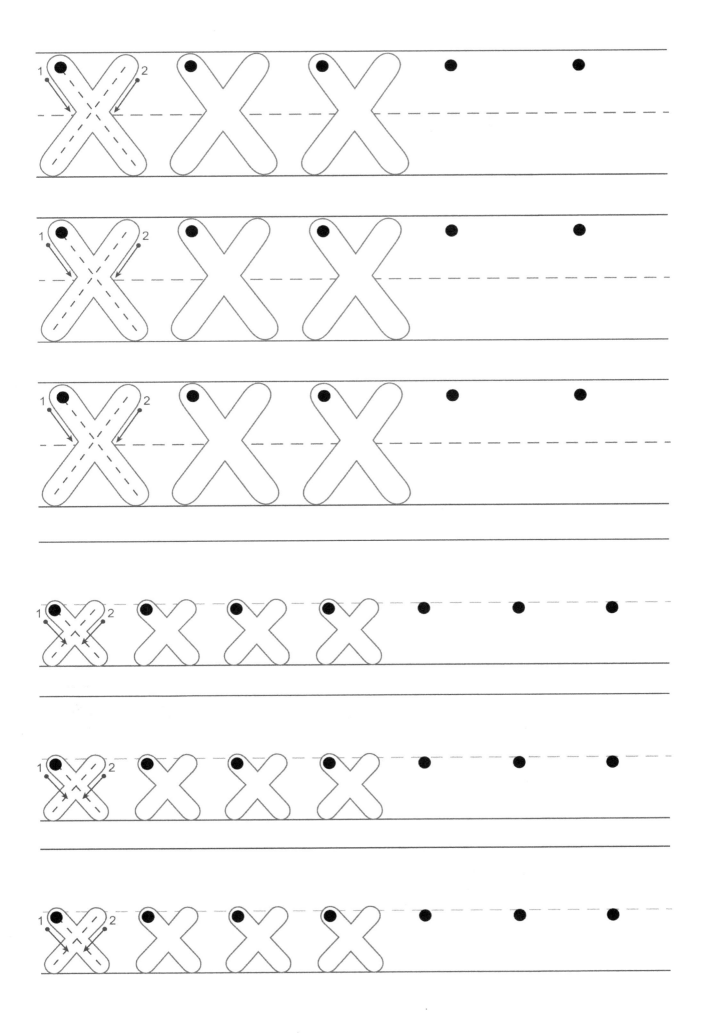

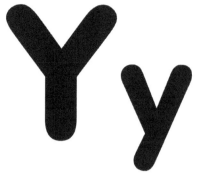

Trace and write the capital letter **Y**.
Start at the big red dot.

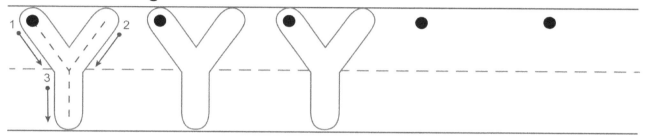

Trace and write the lowercase letter **y**.
Start at the big red dot.

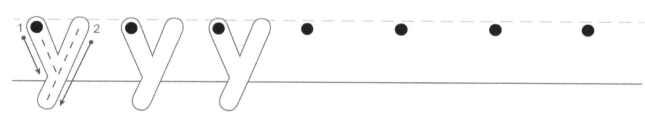

Trace the **Y** and the **y** to complete
each word.

ak

acht

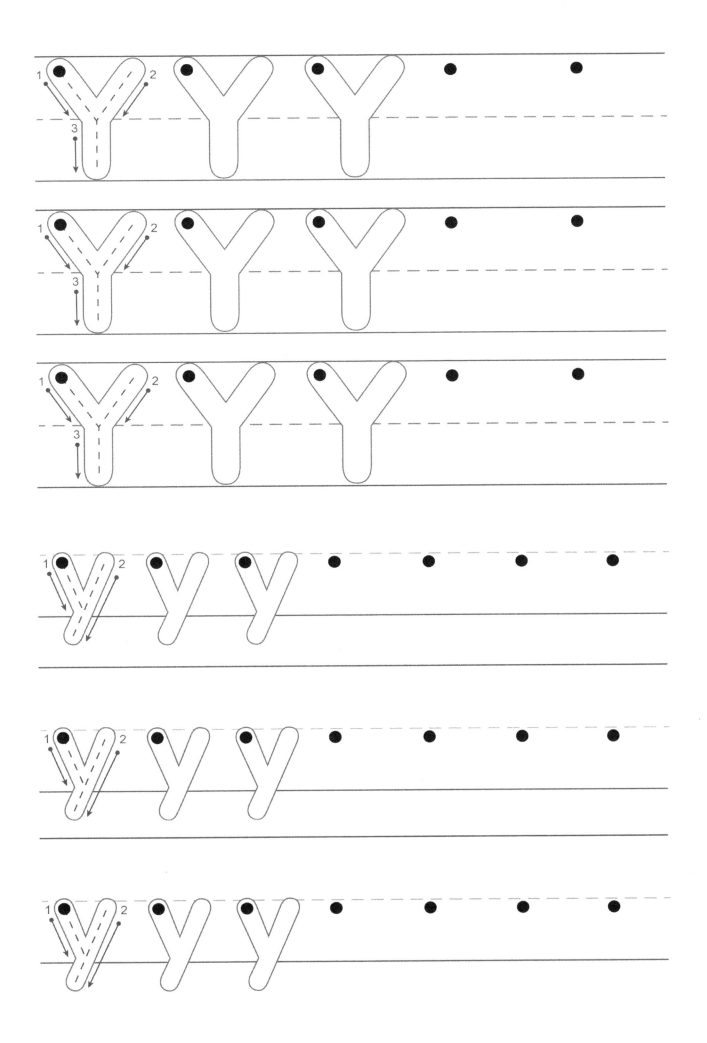

Zz

Trace and write the capital letter **Z**.
Start at the big red dot.

Trace and write the lowercase letter **z**.
Start at the big red dot.

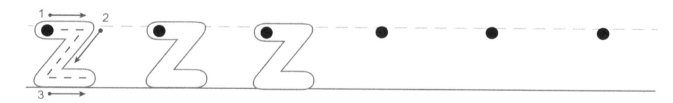

Trace the **Z** and the **z** to complete
each word.

Zebra

Zipper

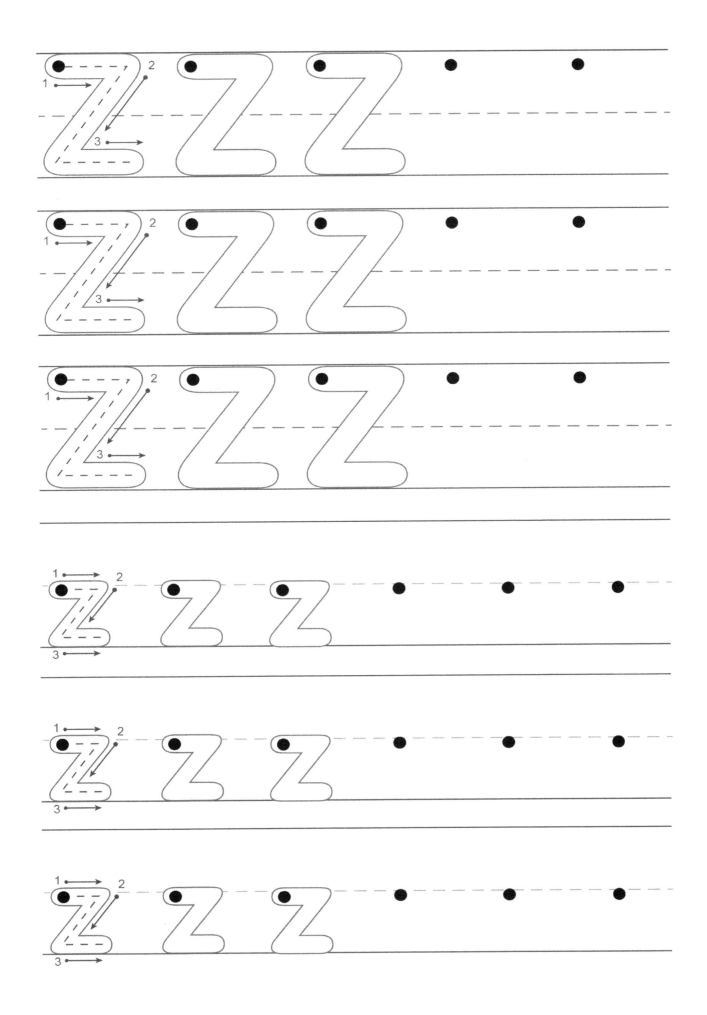

Printed in the USA
CPSIA information can be obtained
at www.ICGtesting.com
LVHW011654081123
763414LV00016B/516